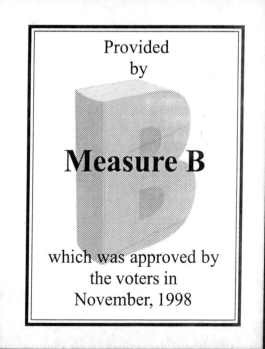

Poemas con sol y son

Coedición Latinoamericana

Edición **Mabel Morvillo**
Diseño **Vicky Ramos, Daniel Villalobos, Alvaro Borrasé**
Edición coordinada por **FARBEN Grupo Editorial NORMA**
Ilustración **Vicky Ramos**
Armada electrónica **Daniel Villalobos**
Revisión **Eduviges Ortiz, Alexandra Steinmetz**
Traducción **Susana García**

© de los autores

Cecilia Pisos
Laura Devetach
Silivia Schujer
Roberta Iannamico
Mirta Goldberg
Ricardo José Duff Azevedo
Marina Colasanti
Angela Lago
Oscar Castro
Efraín Barquero
Gabriela Mistral
María de la Luz Uribe

José L. Díaz Granados
Triunfo Arciniegas
Jairo Anibal Niño
Fernando Ayala Poveda
Mabel Morvillo
Eunice Odio
Carlos Luis Sáenz
Mirta Aguirre
David Cherición
Eliseo Diego
Excilia Saldaña
Humberto Ak'abal

Francisco Morales Santos
Alberto Forcada
Antonio Granados
Fernando del Paso
Alberto Blanco
Ruben Darío
Luis Rocha
Heriberto Tejo
Javier Sologuren
Luis Alberto Calderón
Cesáreo Rosa-Nieves
Carmen Alicia Cadilla

José Antonio Dávila
Nimia Vicéns
Ester Feliciano Mendoza
José Emilio González
Manuel del Cabral
Leibi Ng
Lucía Amelia Cabral
Mary Collins de Colado
Nelly García de Pión
Eugenio Montejo
Aquiles Nazoa

© 2001 de esta antología

Aique Grupo Editor S.A.; *Argentina*
Melhoramentos; *Brasil*
Grupo Editorial Norma S.A.; *Colombia*
Ediciones Farben, Grupo Editorial Norma; *Costa Rica*
CIDCLI; *México*

ananá ediciones; *Nicaragua*
Promoción Editorial Inca S.A. PEISA; *Perú*
Ediciones Huracán; *Puerto Rico*
Editora Taller; *República Dominicana*
Ediciones Ekaré; *Venezuela; Chile*

Impreso por South China Printing Co. (1988) Ltd.

02   03   04   05   06   7   6   5   4   3

ISBN 9968-15-087-8

Índice

La artista **Vicky Ramos**

trabajó con diversos tipos de papel pintados con tintas transparentes

y lápices de color. Luego recortó y pegó manualmente cada uno de los detalles,

que en el libro se observan en su tamaño original.

En este libro se usaron las tipografías
Americana y Neofutura.

Argentina

Lo que dicen
los colores

Si el enojo
es rojo
y el brillo,
amarillo,
¿quiere decir algo
el marrón
de aquel grillo?

El blanco
de la espuma
al blanco
de la nube
sube.

Una siesta

Y, si la nube
es negra,
¿es de nube
o de tierra?

Una siesta de verano
el pajarito cantó.
El canto quedó colgado
de la rama del limón.

Laura Devetach

Y el color de la risa,
¿cuál es?
El color de la pena
mirado al revés.

Cecilia Pisos

La palabrota

Una palabra
palabritera
despalabrábase
por la escalera.

¡Pobre palabra!
se apalabró
palabrincando
cada escalón.

Cayó de cola
la palabrisa y
palabrochóse
flor de paliza.

Despalabra
pala que brota
de ser palabra
ya es palabrota.

Silvia Schujer

Zumbonas

Gritan en amarillo
estas flores
radares
chupasoles
convertidas en bandejas
se sirven a las abejas
que zumban
retumban
ZZZumban
la Zeta de ZuZ canZioneZ.

Laura Devetach

Confusión

Era una oveja que fabricaba miel
y una abeja llena de lana.

No, al revés.

Era una oveja que untaba lana en un pan
y una abeja que tejía una manta de miel.

No, otra vez.

Era una abeja que antes de picar decía beeee.

Roberta Iannamico

Filosa luna

La luna
raspa el agua.
Roe
con dientes suaves
las casas de loto
de los sapos.

Cecilia Pisos

Tic, tac

Tic, tac.
¿Qué hora es?
¿Es antes
o es después?
¿Cuánto tiempo
es un ratito?
¿Cuánto falta
para ayer?

Mirta Goldberg

Cuando fue

Cuando fue Mambrú a la guerra
mantantirulirulá
una joven farolera
tropezó en San Nicolás.

Buenos días señoría
soy madero de San Juan
y deseaba arroz con leche
ajá já ajá já.

Dos y dos son como cuatro
cuatro y dos parecen seis
arrorró arrorró mi niño
ocho y ocho dieciséis.

Silvia Schujer

Animales pintados

Con un pincel de pelo de camello
pinté un pájaro.
Soplé tres veces al aire
y el pájaro salió volando.
Lo sorprendió el verano:
picoteaba el corazón de todas las frutas.

Con un pincel de pluma de pájaro
pinté un camello.
Di tres golpes en la tierra
y el camello salió andando.
Lo sorprendió el invierno:
nevaba sobre la punta de su joroba.

Roberta Iannamico

Brasil

Lección de biología

Planté una mata de amor
en el fondo de mi vida.
La semilla fue brotando.
Primero echó raíz,
de la raíz nació el brote,
del brote nació la yema,
de la yema nació el tallo,
del tallo nació la hoja,
de la hoja nació la flor
y de la flor nació el fruto.

Y el fruto, que estaba verde,
después se puso maduro.
Y con él yo hice un dulce,
que te di para probar,
que te di para querer,
que te di para gustar.

Ricardo Azevedo

La canica

La mayor bola del mundo
es fuego; se llama sol,
pero la más conocida
es la de jugar futbol.

Otra bola colorida
que nunca he jugado bien
es de vidrio, la bandida,
canica tenía que ser.

Ricardo Azevedo

El pingüino

Si viera pingüinos
usando blue jeans
quedaría asombrado.
Parece gracioso
y un poco pomposo
que sólo usen frac.
Pero allá esta ropa
tiene su valor:
con frío riguroso
es muy apropiado
trajearse a rigor.

Marina Colasanti

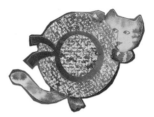

El gato

En lo alto del muro
saltando en lo oscuro
maullando en el monte
entrando en apuros
es gato, seguro.

De antiguo pasado
dudoso futuro
movimiento puro
aire refinado
sin duda es el gato.

Tiene que ser gato
ese animal exacto
acróbata nato
que cae de cuatro.

Marina Colasanti

ABC loco

¡Quiero verte adivinar!
¿Qué necesita una anta
para ir al altar?

La letra S:
s + anta: santa

Esta es fácil,
eso espero.
Sin quitar ni poner
es igual a cero.

La letra O

Ahora responde:
¿cuál es la letra
que cuando es culta
se esconde?

La letra O
o + culta: oculta

Angela Lago

Chile

La cabra

La cabra suelta en el huerto
andaba comiendo albahaca.

Toronjil comió después
y después tallos de malva.

Era blanca como un queso,
como la luna era blanca.

Cansada de comer hierbas
se puso a comer retamas.

Nadie la vio sino Dios.
Mi corazón la miraba.

Ella seguía comiendo
flores y ramas de salvia.

Se puso a balar después,
bajo la clara mañana.

Su balido era en el aire
un agua que no mojaba.

Se fue por el campo fresco,
camino de la montaña.

Se perfumaba de malvas
el viento, cuando balaba.

Oscar Castro

Juego

La guinda roja,
buscar, buscar,
entre las hojas,
coral, coral.

El tronco viejo,
gomar, gomar,
el zorzalejo,
brincar, brincar.

El cielo puro,
solar, solar,
es más oscuro,
trepar, trepar.

El suelo negro,
opal, opal,
es rojinegro,
mirar, mirar.

Efraín Barquero

La rata

Una rata corrió a un venado
y los venados al jaguar,
y los jaguares a los búfalos,
y los búfalos a la mar...

¡Pillen, pillen a los que se van!
¡Pillen a la rata, pillen al venado,
pillen a los búfalos y a la mar!

Miren que la rata de la delantera
se lleva en las patas lana de bordar,
y con la lana bordo mi vestido
y con el vestido me voy a casar.

Suban y pasen la llamada,
corran sin aliento, sigan sin parar,
vuelen por la novia, y por el cortejo,
y por la carroza y el velo nupcial.

Gabriela Mistral

Es así - no es así

Anoche me comí
entero un jabalí.
–No es así.

Lo que en verdad comí
fue un pancito de anís.
–Es así.

En la mañana fui
a pasear por París.
–No es así.

Donde de veras fui
fue a vagar por ahí.
–Es así.

Volé en un colibrí
por un cielo sin fin.
–No es así.

Después vine aquí
porque te quiero a ti.
–Es así. Es así. ¡Es así!

María de la Luz Uribe

Disparate

Había un inglés
que en un dos por tres
quedaba al revés
arriba los pies.

Así caminaba,
comía y hablaba,
reía y cantaba
feliz como un pez.

Decía: ¿No ves
que todo es como es
vuelto del revés?
Le contesté: "Yes".

María de la Luz Uribe

Colombia

La monarquía

Los reyes
están arriba.
Del trono
nunca se bajan.

Por eso
sólo me gustan
los reyes
de la baraja.

José Luis Díaz Granados

Biografía

Con el lápiz del trompo
el niño escribe sobre el polvo
la historia de su vida.

Triunfo Arciniegas

La ola

La ola
es el mar
que dice: ¡Hola!

José Luis Díaz Granados

¿Qué es el gato?

El gato
es una gota
de tigre.

Jairo Aníbal Niño

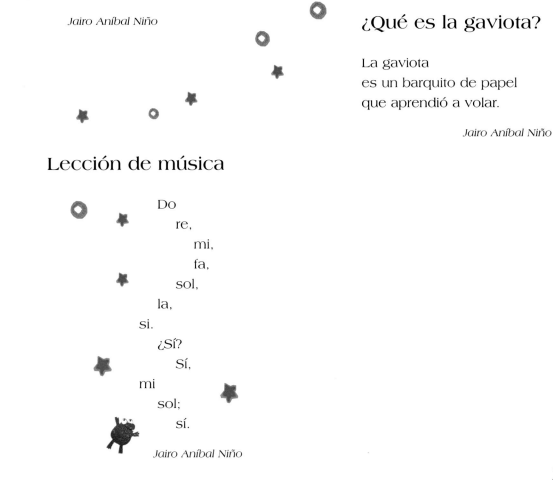

¿Qué es la gaviota?

La gaviota
es un barquito de papel
que aprendió a volar.

Jairo Aníbal Niño

Lección de música

Do
   re,
      mi,
      fa,
    sol,
  la,
si.
  ¿Sí?
     Sí,
mi
  sol;
    sí.

Jairo Aníbal Niño

Los aventureros del circo y la rosquilla

Mi abuelo cambió haciendas y camastros
por un circo sin payasos ni astros.
Ese día, el listo sufría catarro
porque el médico le había quitado el cigarro.
Cuando se repuso vendió circos y trastos.

Mis tíos todos los días comían banana.
Bombasto fue a la guerra de Morgana
y lo condecoraron con jugo de tomate.
Erre Erre amaba las palomas y el arte
y vivió para enseñar a croar a su rana.

Yo, Albertucho, fabrico ceniceros y cerillas.
No fumo cigarrillos morenos ni rubios
ni voy a nadar a los mares turbios.
Me gustan los jarabes y las rosquillas.

Fernando Ayala Poveda

Costa
Rica

Vuelo de colibrí

Veloz
como un sonido
de campanas
que tintinean.
Liviano
y
frágil,
pasa entre margaritas
y veraneras.
Sí:
el colibrí
es un arcoiris
que parpadea.

Mabel Morvillo

La gotera

Tic, tac, tic, tac,
la gotera canta y baila,
baila y canta en el huacal.

La gotera es una niña
de cristal.
Tac, tac, tic, tac.
La música de los grillos
alegra la oscuridad,
y ya muy hondo, en el sueño,
aún se la escucha danzar,
con su único pie de plata
en el hueco del huacal:
tic, tac, tic, tac.

Carlos Luis Sáenz

Sinfonía pequeña

Cascabel,
cascabelín,

para que duerma el lebrel
la luna pone un cojín,

campanón,
campanería,

la noche roba un ropón
para vestirse de día,

violoncín,
violoncelo,

el sol deja su pañuelo
y se lleva su espadín,

campanolín,
campanada,

el pájaro cantarín
se bebe la madrugada.

Eunice Odio

Las hojitas de la yerbabuena

Las hojitas frescas
de la yerbabuena
con luna y estrellas.
Eran las amigas
de la regadera
y de los grillitos
y de las luciérnagas.
Conocían las manos
secas de la abuela;
conocían las horas
de sombra en la huerta
y eran muy felices
con la luna nueva.
Las hojitas frescas
de la yerbabuena,
con luna y estrellas...

Carlos Luis Sáenz

C u b a

Arrepentimiento

Recado para Jonás,
recado de la ballena:
que ella tiene mucha pena
por lo de tiempos atrás,
que no se lo va a hacer más,
que es una muchacha buena;
que lo convida a una cena
de olvido y olvidarás:
que le promete, además,
regalarle una sirena.

Recado de la ballena,
recado para Jonás.

Mirta Aguirre

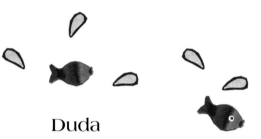

Duda

Tanto esplendor por delante,
y por detrás tan menguado...
(La trompa del elefante,
¿no será un rabo mal colocado?)

Mirta Aguirre

Expiación

Al tiburón Tiburo
le duele un diente;
pero ningún dentista
acepta el cliente.
A mares llora.
Y la marea, en la costa,
sube a deshora.

Mirta Aguirre

Lección de gramática

Yo estoy, tú estás
y ella está y él también;
y todos los que estaban, estuvieron
y están muy bien.

Estamos, estaremos
nosotros; ella y él
estarán lado a lado y yo, que estuve,
estaré.

Y si acaso estuviera
alguien que no haya estado aquella vez,
¡bienvenido!, que estar es lo importante
–y que todos estén.

David Chericián

Un buen sueño

A gusto duerme el gato
en torno de sí mismo:
de pata y lomo a cola
es él y da lo mismo.

Pues se ha dormido todo,
nariz, bigote y ceja.
¿Dormido todo? Bueno…
¡de guardia hay una oreja!

Eliseo Diego

Fiesta

Babosa baila bembé
y Sinsonte baila son,
Caguama baila la conga
y Delfín baila danzón.
Guanajo baila guaracha
y Zunzún el zapateo.
¡Suena el timbal y la tumba!
¡Caballeros, qué meneo,
la merluza con el mambo
y la rana con la rumba!

Excilia Saldaña

Guatemala

Era una bolona

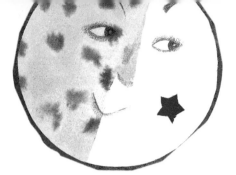

Yo jugué con la luna
cuando era chiquito.

Me encaramaba
sobre el árbol más alto
y la bajaba del cielo.

Era una bolona,
saltaba de poza en poza
y de charco en charco.

Yo me dormía
y ella
se guardaba sola.

Humberto Ak'abal

Murciélagos

Cuando la aldea está de pie,
los murciélagos están de cabeza.
Cuando la aldea está de cabeza,
los murciélagos están de pie.
Ellos esperan la oscuridad
para ver su camino.

Humberto Ak'abal

Niño y luna

Adelante va la luna.
¿Cómo sabe adónde voy?
Sobre techos y entre ramas,
la luna adelante va.

Todo el cielo se desvela
por ver a la medialuna.
¿Será barco? ¿Será cuna?
La luna adelante va.

Si doy pasos, ella avanza;
si me detengo, se para
y hasta parece volverse
para mirarme la cara.

Francisco Morales Santos

Arrullos

Para dormir a la luna,
el cisne ondula su cuello
y también mueve las aguas
como meciendo una cuna.

Francisco Morales Santos

Galanteo

Al corazón de una dalia
da su beso el colibrí;
después, escribe en el aire:
"Todo mi amor para ti".

Francisco Morales Santos

Fiesta de pájaros

Filtrándose en las nubes,
la luz de la alborada
diseña un pentagrama.
Los pájaros, entonces,
parados en las ramas
o al borde de los nidos
empiezan a cantar.

Francisco Morales Santos

México

Mi abuela

Mi abuela era un árbol
cuya memoria se agitaba con el viento.
En las tardes me encantaba
columpiarme en sus brazos
y ver las cosas
desde la increíble altura de su infancia,
aunque a veces,
presionada por mis preguntas,
se le quebraban las ramas
y, llorando,
me dejaba en el suelo.

Alberto Forcada

Gajo de naranja

Un gajo de naranja
  es una luna encantada;
un gajo de naranja
  es una diminuta carcajada.

Antonio Granados

Bosque

¡Qué verde trino!
A canto de pájaros
huele el camino.

Antonio Granados

Hache muda

La
hache
se
duerme,
está desvelada.
Por eso
no suena a nada.

Antonio Granados

La Almohada:
por arte de magia,
se vuelve hada.

La A

La "A" sabe que es un reto
–no se le puede negar–
hallarse en primer lugar
de todito el alfabeto.

Al mismo tiempo, la "A",
inveterada viajera,
se aparece dondequiera:
aquí, acá y acullá.

El Elefante:
cuando se pule,
se hace diamante.

La E

Sin la "E", ¿cómo decir
"excluir", si se la excluye?
¿Cómo, si no se la incluye,
cómo escribir "escribir"?

Y tú me dirás: sin ella,
¿cómo hablar con elocuencia?
Y si brilla por su ausencia,
¿cómo llamar a una estrella?

*El **O**rnitorrinco:*
con otros cuatro,
se vuelve cinco.

La O

Para una canción de cuna,
la "O" no encontraba rima,
mas juntóse con su prima,
y encontró rima y fortuna.

Pues ya juntas, las dos "oes",
compusieron dos canciones,
con música de trombones,
de pífanos y de oboes.

*El **I**glú:*
si le salen ramas,
se vuelve ombú.

La I

Dice la "I", puntillosa,
que el pan, el queso y el vino,
el paseante y el camino,
las espinas y la rosa,

la miel y los colibríes,
nacieron para estar juntos:
las "íes" bajo los puntos,
los puntos sobre las "íes".

*La **U**na:*
si se hace redonda,
se vuelve luna.

La U

Que no es una letra inútil,
la "U" lo sabe sin duda:
se usa en "uva" y en "zancuda",
se usa en "usura" y en "fútil".

Por supuesto que no es única
mas sin la "U" jamás nunca
escribirás "espelunca"
o "pusilánime" o "túnica".

Fernando del Paso

La polilla

Limpias la mesa y las sillas
las camas y los sillones;
mas si limpias los cajones,
¿qué comerán las polillas?

Alberto Blanco

La libélula

Si a la libélula quitas
las alas, queda una rama;
y una rama con alitas
¡ya libélula se llama!

Alberto Blanco

Nicaragua

Vesperal (fragmento)

Sobre la arena dejan los cangrejos
la ilegible escritura de sus huellas.
Conchas color de rosa y de reflejos,
áureos caracolillos y fragmentos de estrellas
de mar forman alfombra
sonante al paso en la armoniosa orilla.

Rubén Darío

Canción de otoño (fragmento)

Vuela la mágica ilusión
en un ocaso de pasión,
y la acompaña una canción
del corazón.

Este era un rey de Cólquida,
o quizá de Thulé,
un rey de ensueños líricos
que sonrió una vez.
De su sonrisa hermética
jamás se supo bien
si fue doliente y pálida
o si fue de placer.

Rubén Darío

Retrato en dos tiempos

I
Abre
la boca
y salen
libres
las moscas

II
Cierra
la boca
y quedan
aprisionadas
las palabras

Luis Rocha

Apuntes para cantarle al Niño Dios

Portáte bien
mi bien.

Niño Dios
Niño Dios
yo sé lo que sos
sé bueno mi niño,
acordáte que sos
el niño Dios.

Luis Rocha

Perú

La forma de los números

El 1
Es un salto de canguro
El 2
Un patito nadador
El 3
Los cachitos de una res
El 4
La casita de mi gato
El 5
Un pequeño laberinto
El 6
Un caracol sin crecer
El 7
Una jirafa sin dientes
El 8
Dos galletas o un bizcocho
El 9
Un globo con hilo verde

El 10
Un salto de canguro y una nuez

Heriberto Tejo

Magia de primavera

–Buenos días, Mariquita.
–Buenos días, Caracol.

–¿Pasó el amor por tu casa?
–¿Por mi casa? ¡No señor!

–Yo vivo sola en un hongo.
–Yo solo bajo una col.

–¡Qué lindo! ¡Qué lindo día!
–¡Qué lindo con tanto sol!

–¡Primavera está llegando!
–¿Primavera? ¡Ya llegó!

–Adiós, Mariquita linda.
–Adiós, Caracol, col, col.

Heriberto Tejo

Luna gitana

Luna de azúcar
luna encantada.

¡Qué alegría verte
tras de mi ventana
vestida de novia,
de novia y tan guapa!

(En las tardes lila,
en las noches malva,
y en las mañanitas
color de retama).

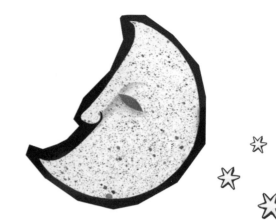

Luna furtiva
luna gitana.

Un toro de viento
pasa y te mancha.
Pasa y de tizne
llena tu cara.

¡Que venga la lluvia
que lave tu cara
y fije tu pelo
con clavitos de agua!

Luna de azúcar
luna encantada.

Heriberto Tejo

Luna

Luna, farol que vuela.
Estancia
donde anidan
y duermen los luceros.
Cuajo de leche, alba
de los ángeles
tejiendo la madrugada.
Blanco clavel
de noches solitarias;
brújula del viajero,
río de leche
que baja
al monte a abrevar al ganado.
Lágrima de plata
que Dios derramó un día
cuando soñaba.

Luis Alberto Calderón

Amigas

¿Acaso de la rosa
se olvida
la mariposa?
¿Y la rosa
dormida
no sueña con ella?
¿Acaso la celeste,
traviesa
mariposa
no es buena
amiga
de la rosa?

Javier Sologuren

La libertad

En mi viejo cuaderno,
he dibujado
una golondrina;
la he pintado
con lápiz carbón.
Prisionera la tengo
desde hace años;
compadecido mi corazón,
rompo la hoja,
y la soplo entre el viento
de los árboles.
A lo lejos,
dos golondrinas se van.

Luis Alberto Calderón

Veloz cometa

Entre estrellas
lunas y planetas,
veloz surca el cielo
el bello cometa.
El cometa vuela
como pájaro de fuego;
y como violín de música
va dejando en los cielos
su fina cabellera rubia;
va dejando en los cielos
una larga estela de lluvia
que derrama
coloridas serpentinas
y luces de fruta
en el techo acaramelado
de la tierra.

Luis Alberto Calderón

Puerto Rico

El río

Siempre soñando hacia el mar
como una canción de plata,
va cantando en sus cristales
desde la noche hasta el alba:
viene cargado de pájaros,
viene oloroso a montaña:
¡siempre soñando hacia el mar
camino que nunca acaba!

Cesáreo Rosa-Nieves

Golondrinas

Las golondrinas recogen
la cola del aguacero
con alfileres de trinos
y redondeles de vuelo.

Carmen Alicia Cadilla

La luna llena

La luna más que redonda
hoy está llena.
Tiene la cara hinchada
como el que tiene
dolor de muelas.

José Antonio Dávila

Canario

El canario es un fruto
maduro de sonidos
que nos va regalando
el dulzor de sus trinos.

Carmen Alicia Cadilla

El zumbador

Zumba, zumba,
zumbador.
Zumba el aire.
Zumba el sol.
Baila tu paso
de pico
sobre la miel
de la flor.
Zumba, zumba,
zumbador.

Nimia Vicéns

Puerto
Rico

Trompo bailarín

Baila que baila,
mi caballero.
Capa ceñida.
Punta de acero.

Cuando tú bailas
florece el viento
en clavelitos
volantineros.

Zumba que zumba,
mi maromero,
¡Que te mareas!
¡Remolinero!

Ester Feliciano Mendoza

Los titiriteros

Los titiriteros
pasan tiritando
con sus titeritos
jirimiqueando.
Los titiriteros
en sus caballitos
saltan piruleros,
jugando palitos.
Titirititero.
Titirititero.
¡Circo maromero
de mis muñequitos!

José Emilio González

República
Dominicana

Canario

Pedazo de sol chismoso.
Erudito de garganta,
como no puede pensar,
canta.

Manuel del Cabral

Tierra mía

Que no me diga
la geografía
que es un puntito
la tierra mía.

Voy a gritar
que es pequeñito
también el mar.

Manuel del Cabral

Una bruja

Una bruja no siempre tiene escoba,
me parece,
puede andar en su bici
a cien por hora
y frenar con las suelas
de sus tenis, si los tiene.

Leibi Ng

Un puñito tuyo

Caracola, caracola
caracolita de mi soñar
te brindo galletitas de mi horno
te regalo un gran secreto, dos sonrisas
y hasta mi azul delantal de cocinar
por un solo puñito de arena tibia
envuelto en espuma de la mar.
Dime, caracolita, dime
¿me lo darás?

Lucía Amelia Cabral

Paseo de colores

El verde se va de viaje
sobre las altas montañas
y el amarillo regresa
temprano por la mañana.
El azul bajó a la tierra
para cantar y danzar
con el blanco de las olas
y las arenas del mar.

Mary Collins de Colado

El sol y la luna

El sol y la luna
por fin se juntaron.
Bailaron, bailaron
y se separaron.
¡Qué fría es la luna!
tiritó el sol.
¡Por poco me quemo!
la luna gimió.

Nelly García de Pión

Venezuela

La bicicleta

La bici sigue la cleta
por una ave siempre nida
y una trom suena su peta...
¡Qué canción tan perseguida!

El ferro sigue el carril
por el alti casi plano,
como el pere sigue al jil
y el otoño a su verano.

Detrás del hori va el zonte,
detrás del ele va el fante,
corren juntos por el monte
y a veces más adelante.

Allá se va el corazón
en aero plano plano
y con él va la canción
escrita en caste muy llano.

Eugenio Montejo

Cuando yo sea

Cuando yo sea grillo
cantando a la luna,
si oyes mi organillo,
dame una aceituna.

Cuando hormiga sea
cargando un gran peso,
que al menos te vea
a la luz de un beso.

Cuando sea ciempiés
con mis cien botines,
deja que una vez
cruce tus jardines.

Cuando no sea nada
sino sombra y humo,
guárdame en tu almohada
que yo la perfumo.

Eugenio Montejo

Canción

La mi madre canta
para me dormir
y en la su garganta
oigo una perdiz.

El mi hermano juega
siempre a me vender
de la su bodega
queso, pan y miel.

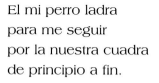

El mi perro ladra
para me seguir
por la nuestra cuadra
de principio a fin.

Allá en la mi escuela
dibujo en color
un barco de vela
con el mi creyón.

Termino el mi cuento
por me despedir.
Ya cantando siento
la mi madre al viento
para me dormir.
Y en su canto lento
oigo una perdiz.

Eugenio Montejo

Letra para la primera lección de piano

A la una la luna,
a las dos el reloj,
que se casan la aguja
y el granito de arroz.

A la una mi niña
se me puso a llorar
porque el pobre meñique
se cayó en el dedal.

A la una la novia
con el novio, a las tres,
en la cola, la cola
del pianito marqués.

Y se van, a la una
en su coche, a las tres
–caballitos de lluvia,
cochecito de nuez–.

Aquiles Nazoa

la antología Focus 2 y en su libro Maravillas del
sido finalista en diversos certámenes. El poema
"Confusión" pertenece al casete del libro *En pati-
nes 2* (Aique Grupo Editor, 1998) y "Animales pintados" se publica por primera vez en esta antología.

Cecilia Pisos *1965*
Licenciada y profesora de Letras. Ha coordinado
talleres literarios para niños y es editora de libros
escolares e infantiles. Entre los premios recibidos
se cuentan el de la Feria del Libro de Buenos Aires, en 1984, y el Premio Secretaría de Educación
y Cultura, en 1994. Los poemas que aparecen en
esta antología pertenecen al libro *Los colores del
aire* (inédito).

Silvia Schujer *1956*
Ha organizado talleres de juegos con palabras y
actividades relacionadas con los derechos huma-
nos, el periodismo y la literatura. Ha obtenido, entre otros, el Premio Casa de las Américas, en 1986.
Fue incluida en la Lista de Honor del IBBY en
1994. Los poemas incluidos en esta antología pertenecen al libro *Palabras para jugar con los más
chicos*, publicado por la Editorial Sudamericana en
1992.

Brasil

Ricardo Azevedo *1949*
Escritor y diseñador, autor de más de ochenta libros. Su obra ha sido publicada también en Portu-
gal, México y Alemania. Ha recibido varios premios
en su país y en el exterior. Entre sus obras destacan *Nossa rua tem um problema* (Ática) y *Dezeno-
ve poemas desengonçados*, Premio Jabuti al mejor
libro infantil en 1998.

Marina Colasanti *1937*
Es una de las más destacadas creadoras de literatura infantil y juvenil. Entre sus obras destacan *Una
idea toda azul* y *Los doce reyes y la muchacha del
laberinto del viento*.

Angela Lago *1945*
Escritora e ilustradora de libros para niños. Su trabajo ha sido reconocido con importantes premios
nacionales e internacionales, entre ellos el Premio
Noma (1986) y varias distinciones otorgadas por la
Cámara Brasileña del Libro. En dos ocasiones
(1990 y 1994) ha sido la candidata nominada por
Brasil para el Premio Hans Christian Andersen, en
ilustración.

Chile

Efraín Barquero *1931*
Algunas de sus obras son *La piedra del pueblo, El viento de los Reinos* y *La mesa de la tierra*. El poema aquí antologado es de su libro *Poemas infantiles*, publicado por Editorial Zig zag (1965).

Oscar Castro *1910 1952*
Autor de numerosas obras, entre las que destacan *Huellas en la tierra, La sombra de las cumbres* y *La vida simplemente*. El poema "La cabra" pertenece al libro *Viaje del alba a la noche*, incluido en la antología *Los mejores poemas de Oscar Castro*, Editorial Los Andes, 1993.

Gabriela Mistral *1889 1957*
Obtuvo el Premio Nobel de Literatura en 1945. Sus principales obras son *Tala, Desolación* y *Ternura*. El poema "La rata" pertenece a la sección "Jugarretas" de este último libro, publicado por la Editorial Calleja.

María de la Luz Uribe *1936 1993*
Recibió varios reconocimientos, entre ellos el Premio Austral, por su obra *Cosas y cositas*, el Premio Apel-les Mestres por *La señorita Amelia* y el Premio del Consejo Nacional del Libro y la Lectura por *Cuentecillos con mote*.

Colombia

Triunfo Arciniegas *1957*
Ha sido galardonado con diferentes premios, entre los que destacan el VII Premio Enka de Literatura Infantil, en 1989 y el Premio Nacional de Literatura de Colcultura, en 1993. "Biografía" pertenece al libro *Cuerpo de amor herido*.

Fernando Ayala Poveda *1951*
Su trabajo ha sido reconocido internacionalmente con diversos galardones, entre los que sobresale el Premio de Novela Plaza y Janés en dos ocasiones (1982 y 1985). "Los aventureros del circo y la rosquilla" se publica por primera vez en esta antología.

José Luis Díaz Granados *1946*
Poeta, novelista y autor de libros infantiles. "La monarquía" y "La ola" fueron publicados en *Juegos y versos diversos* por Editorial Norma, en 1998.

Jairo Aníbal Niño *1941*
Conferencista, director de talleres, catedrático de varias universidades y director de la Biblioteca Nacional de Colombia. "¿Qué es el gato?" y "¿Qué es la gaviota?" están tomados de su obra *Preguntario* y "Lección de música" del libro *La alegría de querer*, publicados por Panamericana Editorial.

Costa Rica

Mabel Morvillo *1947*
Nació en Buenos Aires, Argentina, y vive en Costa Rica desde 1978. Ha escrito obras de teatro, poesía y cuento. El poema que aparece en esta antología fue tomado de *Un tobogán en una burbuja*, publicado por Farben Grupo Editorial Norma, en 1995.

Eunice Odio *1922 1974*
Poetisa y ensayista, autora de varias obras, entre las que destacan *Los elementos terrestres* (1948), *El tránsito de fuego* (1957) y *Territorio del alba y otros poemas* (1974).

Carlos Luis Sáenz *1899 1983*
Su obra abarca ensayo, narrativa y poesía. Sus más importantes trabajos para niños son *Mulita Mayor, El abuelo cuentacuentos* y *Memorias de alegría* (Farben Grupo Editorial Norma, 1994), de donde se extrajeron los poemas que aparecen en esta antología.

Cuba

Mirta Aguirre *1912 1980*
Figura relevante de las letras cubanas. Publicó un libro para los pequeños lectores y no necesitó más: *Juegos y otros poemas* es un clásico. Sus páginas son disfrutadas por lectores de cualquier edad, no solo por su sensibilidad, sino también por el juego sonoro que hay en ellas.

David Chericián *1940*
Es autor de numerosos libros para el público infantil, entre los que sobresalen *Dindorindorolindo, Rueda la ronda* y *ABC*. Su obra es reconocida en muchos países de Latinoamérica.

Eliseo Diego *1920 1994*
Es uno de los grandes poetas del continente. Por

la calidad y extensión de su obra recibió el Premio de Literatura Latinoamericana y del Caribe Juan Rulfo en 1993. Entre otros, es autor del libro de poemas para niños *Soñar despierto*.

Excilia Saldaña *1946 1999*
Poetisa, narradora, crítica literaria y editora. Ha recibido diferentes premios por su obra para niños. En 1967 obtuvo una Mención del Premio Casa de las Américas por su poemario *Enlloró*. El libro *La noche* recibió el Premio La Rosa Blanca, que otorga la Unión de Escritores y Artistas de Cuba. Ha sido traducida al inglés, francés, italiano, portugués y ruso, entre otros.

G u a t e m a l a

Humberto Ak´abal *1952*
Sus obras cuentan con reediciones y traducciones al francés, alemán, inglés, sueco e italiano. Es una de las voces líricas indígenas más importantes de Latinoamérica. Sus poemas son una recreación de elementos culturales mayas. Ha recibido numerosos premios internacionales.

Francisco Morales Santos *1940*
Premio Nacional de Literatura Miguel Ángel Asturias, 1998. Ha publicado varios libros de poesía, entre los que destacan *Escrito sobre olivos* y *Carta para seguir con vida*. Toda su poesía se encuentra reunida en el libro *Asalto al cielo*. Los poemas que aparecen en esta antología fueron tomados de *Ajonjolí* (Farben Grupo Editorial Norma, 1997).

M é x i c o

Alberto Blanco *1951*
Ilustrador, músico y compositor, ha escrito también poesía, ensayo y cuento. Su obra ha sido traducida a varios idiomas. Algunos de sus títulos son *Amanecer de los sentidos* y *Las estaciones de la vista*.

Fernando del Paso *1935*
Poeta, novelista, dramaturgo y autor de libros infantiles. Su obra ha sido premiada en múltiples ocasiones: en 1982 recibió el Premio Internacional Rómulo Gallegos y en 1985 el Premio al Mejor Libro Extranjero en Francia. Los poemas que se incluyen en esta antología fueron publicados por Editorial Diana.

Alberto Forcada *1969*
Ha obtenido, entre otros reconocimientos, el V Premio Filij de cuento para niños, en 1996. Ha publicado cinco libros, entre ellos *La niña y el sol*, *Despertar* y *La lengua de Sherezada*.

Antonio Granados
Se ha dedicado a la educación en literatura y al periodismo cultural. Ha ganado varios premios por sus publicaciones, tanto literarias como fonográficas. Los poemas "Gajo de naranja", "Hache muda" y "Bosque" han sido publicados por el Gobierno del Estado de Sonora (1984) y por Editorial Alfaguara (1999).

N i c a r a g u a

Rubén Darío *1867 1916*
Es uno de los más importantes poetas latinoamericanos en lengua castellana. Creador del modernismo, fue también diplomático y viajero. Publicó *Azul* en 1888. En 1896 apareció *Prosas profanas y otros poemas*; *Cantos de vida y esperanza* se publicó en 1905.

Luis Rocha *1942*
En 1983 obtuvo el Premio Latinoamericano de Poesía Rubén Darío, con su obra *Phocas*. En diversas oportunidades ha recibido reconocimientos internacionales a su labor cultural. Entre sus obras destacan *Ejercicios de composición* y *La vida consciente*.

P e r ú

Luis Alberto Calderón *1944*
Ha recibido reconocimientos por su amplia labor cultural. Algunas de sus obras son *Huellas y contrastes*, *Jardín de los crepúsculos* y *Arco iris de la poesía infantil* (antología). Actualmente es presidente de la Asociación Peruana de Literatura Infantil y Juvenil.

Javier Sologuren *1921*
Su trabajo en el ámbito universitario y cultural le ha valido múltiples distinciones. Recibió el Premio Nacional de Poesía en 1960. Algunas de sus obras son *Vida continua*, *Las uvas del racimo* y *Antología general de la literatura peruana*.

Heriberto Tejo *1951*
Es profesor universitario, investigador y conductor

de talleres de creatividad para niños. Ha sido distinguido en varias ocasiones con el Premio Nacional de Literatura Infantil en la rama de poesía. Algunas de sus obras son *Magia de primavera*, *Una historia para reír* y *Hola, caracol*.

P u e r t o   R i c o ——————————

Carmen Alicia Cadilla *1908 1994*
Su vasta obra poética incluye *Los silencios diáfanos*, *Raíces azules*, *Ala y ancla*, *Alfabeto del sueño* y *Entre el silencio y Dios*.

José Antonio Dávila *1899 1941*
Por su prematura muerte solo llegó a publicar su poemario *Vendimia*. Póstumamente apareció *Almacén de baratijas*, que incluye el poema presente en esta antología.

Esther Feliciano Mendoza *1917 1987*
Se distinguió por cultivar la poesía para niños. Su obra incluye *Nanas*, *Arco iris* y *Coquí*.

José Emilio González *1918 1990*
Poeta, ensayista y crítico literario. En 1990 recibió un reconocimiento del Senado de Puerto Rico por su obra literaria y magisterial. Algunas de sus obras son *Profecía de Puerto Rico* y *La niña y el cucubano*, de donde fue tomado su poema para esta antología.

Cesáreo Rosa-Nieves *1901 1974*
Fue profesor y un prolífero escritor que cultivó casi todos los géneros literarios. Algunas de sus obras más importantes son *La poesía en Puerto Rico*, *Tierra y lamento* y *Girasol*.

Nimia Vicéns *1941 1998*
Recibió el Premio de Poesía del Ateneo Puertorriqueño en 1950. Aunque casi toda su poesía infantil permanece inédita, se dio a conocer a través de sus libros *Canciones al mundo* y *Arca*.

R e p ú b l i c a
D o m i n i c a n a ——————————

Lucía Amelia Cabral *1949*
En 1977 obtuvo el Premio Nacional de Literatura Banco Condal, en la rama de cuento. Algunas de sus obras son *Hay cuentos que contar* (1977) y

El camino de libertad (1999). El poema "Un puñito tuyo" se publica por primera vez en esta antología.

Mary Collins de Colado *1937*
Destacan entre sus obras *Nochebuena en Quisqueya* (teatro) y los seis volúmenes de *Pinta y lustra*. El poema "Paseo de colores" pertenece al cuarto volumen de esa serie.

Manuel del Cabral *1907 1999*
Recibió el Premio Nacional de Literatura en 1992. Algunas de sus obras más importantes son *La isla ofendida*, *Los huéspedes secretos* y *Égloga del 2000*. Los poemas "Canario" y "Tierra mía" se encuentran en *Obra poética completa* (Alfa & Omega, 1976).

Nelly García de Pión *1959*
Sus obras más importantes son *Un cuentecito I* y *II* y *Un joven llamado Juan Pablo Duarte*. El poema seleccionado para esta antología fue publicado por Editora Corripio, en 1993.

Leibi Ng *1954*
Entre sus obras más importantes se encuentran *Huellas de la leyenda* y *Cretas e ilustrotes*. Gran parte de su obra se mantiene inédita.

V e n e z u e l a ——————————

Eugenio Montejo *1938*
Es uno de los poetas latinoamericanos más reconocidos.
Entre sus obras destacan: *Terredad* (1978) *El taller blanco* (1981), *Trópico absoluto* (1982), *Alfabeto del mundo* (1986), *Adiós al siglo XX* (1992) y *Partitura de la cigarra* (1999).

Aquiles Nazoa *1920 1976*
Poeta, humorista y crítico, es una de las voces más importantes de la literatura de su país. Recibió el Premio Nacional de Periodismo en 1984 y el Premio Nacional de Prosa en 1967.
Algunas de sus obras son *El burro flautista*, *Caracas física y espiritual*, *Poesía para colorear* y *Las cosas más sencillas*.